3~4세

새롬이가 외가에 왔습니다

어미닭

병아리

바둑이

다람쥐
포충망

아래 글씨를 보고 이름을 익혀 보세요.

병	아	리

바	둑	이

어	미	닭

다	람	쥐

바둑이가 놀이터로 가려고 합니다, 가는 길 곳곳에는 늑대가 있습니다, 이를 피해서 갈 수 있는 바른길을 안내해 주세요.

☆ 다음 글자를 보기와 같이 낱말이 되게 선으로 연결하세요.

가지 나무 다리 라면

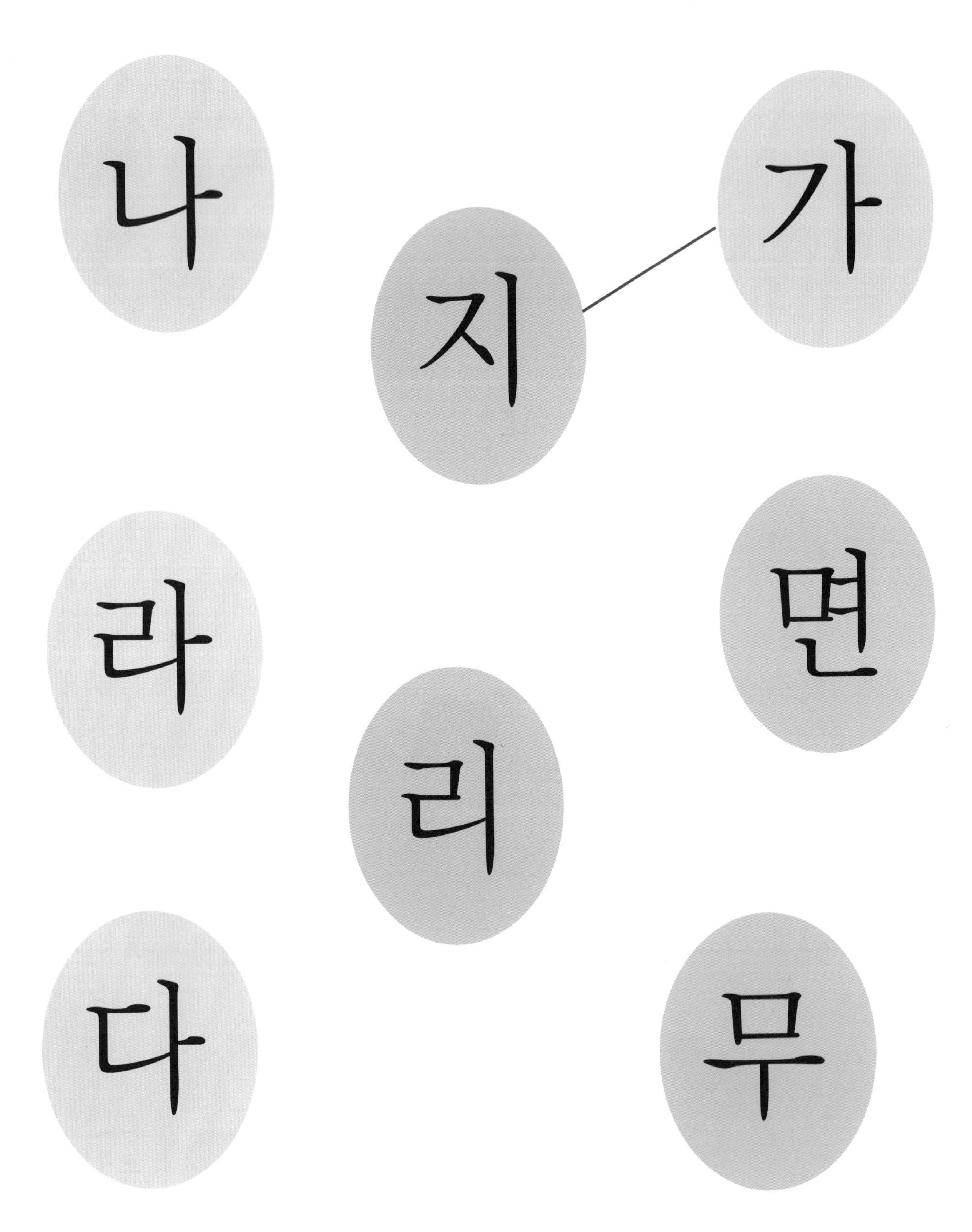

☆ '가, 나, 다' 가 들어간 낱말을 읽어 보세요.

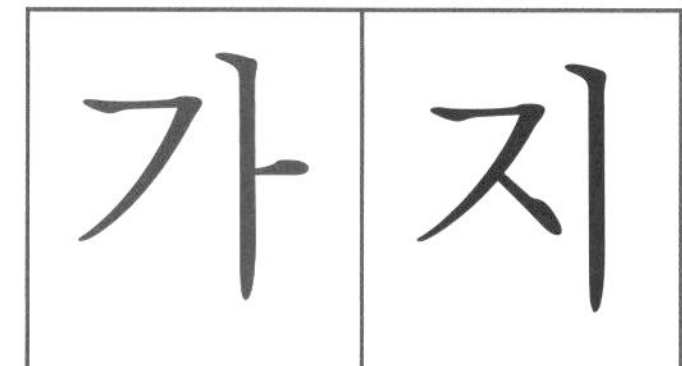

나무

다리

리본

★ '가, 나, 다' 가 들어간 낱말에 ㅇ표를 해 보세요.

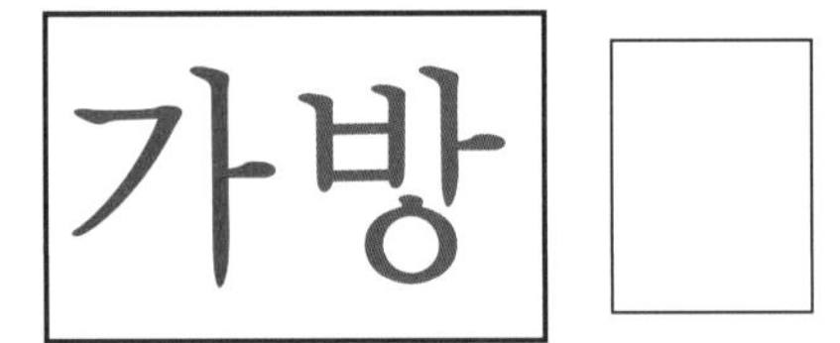

신발

나비

다섯

'다,라,마' 가 들어간 낱말에 ㅇ표를 해 보세요.

새우

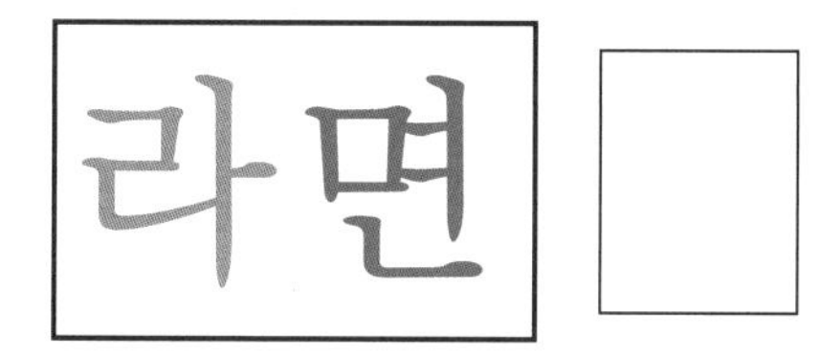

마늘

'ㄱ ㄴ ㄷ ㄹ'을 찾아 보세요.

'고, 누, 다, 레' 자가 들어간 낱말을 따라 써 보세요.

고추 누나

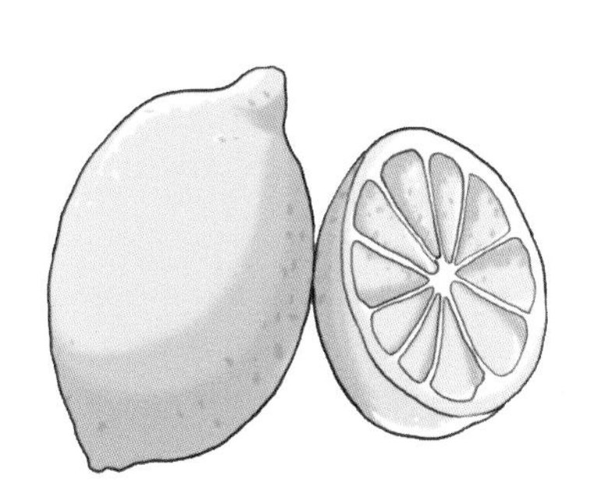

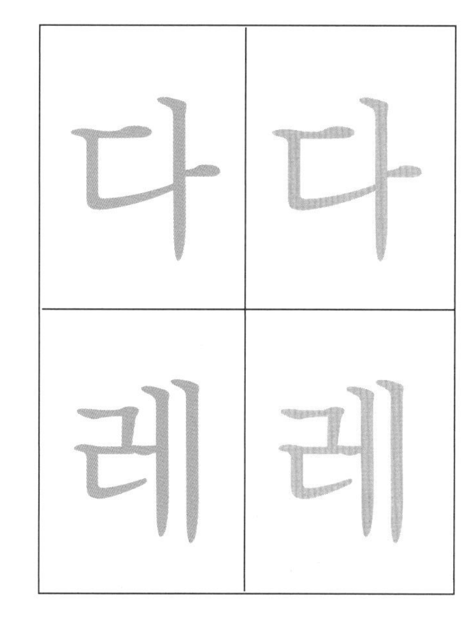

다섯 레몬

서로 맞은 것끼리 선으로 연결해 보세요.

고	구	마

노	루

나	무

개	미

서로 맞은 것끼리 선으로 연결해 보세요.

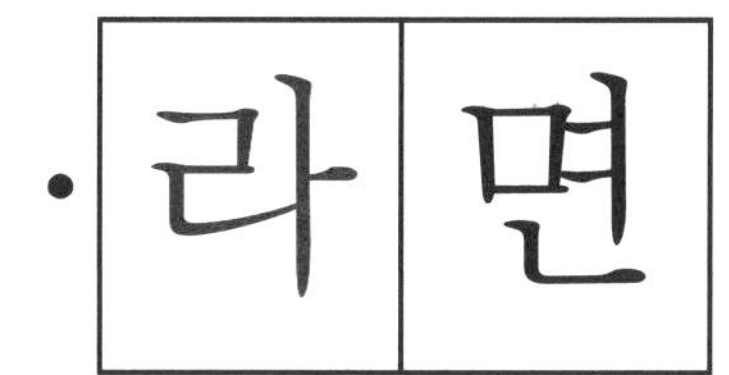

두부

다람쥐

리본

★ 영수가 나비를 잡으려 합니다. 나비는 어디에 앉을 까요.

아래 어린이는 어디로 가야 하나요. 선으로 연결해 보세요.

다음 그림에서 무엇이 보이나요
낙 지
구 름
다 리
낙 타
구 두

☆같은 글자가 들어간 낱말끼리 선으로 연결해 보세요.

구 두

낙 타

낙 지

다 섯

다 리

구 름

☆ 그림과 알맞은 낱말과 선으로 여결하세요.

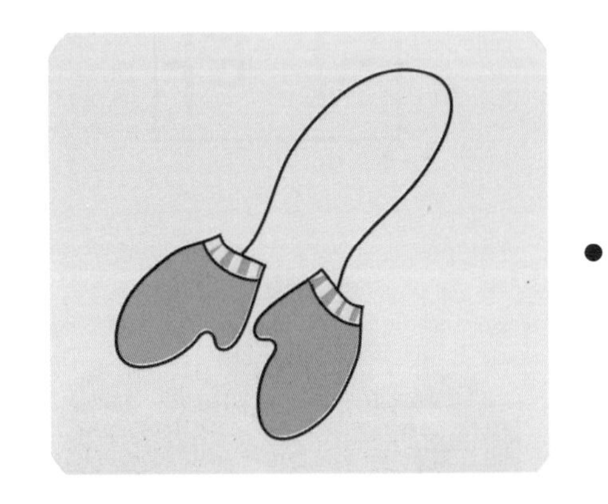

장갑

음식

신발

피아노

이런 날씨에는 어떤 옷을 입어야 하나 선으로 연결해 보세요.

☆ 다음 글자를 보기와 같은 낱말이 되게 선으로 연결하세요.

마술 바지 사탕 아기

지

탕

마

아

기

사

술

바

☆ '마, 바, 사, 아' 가 들어간 낱말을 읽어 보세요.

마	당

바	지

사	탕

아	기

그림과 알맞은 낱말을 찾아 선으로 연결해 보세요.

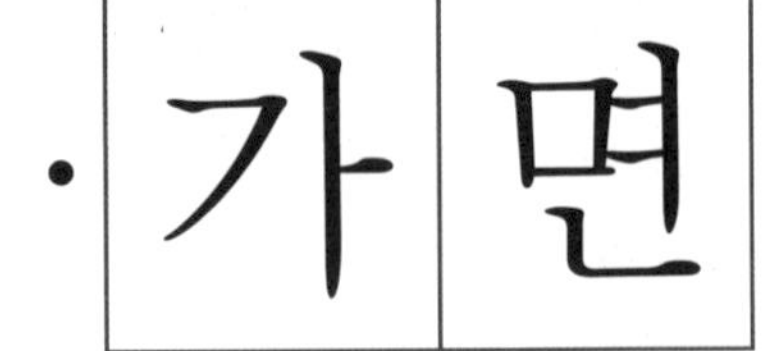

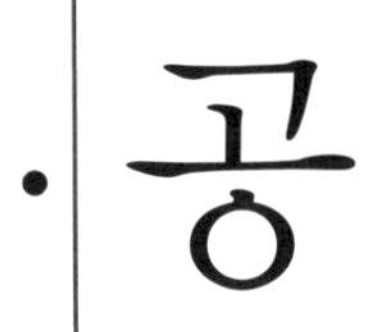

안경

꽃

☆그림과 알맞은 낱말을 찾아 선으로 연결해 보세요.

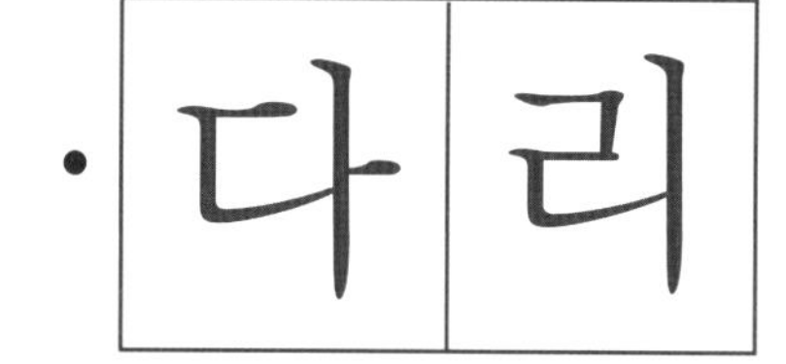

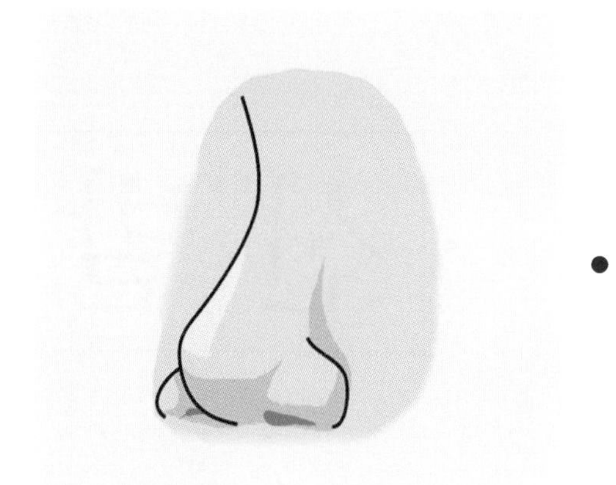

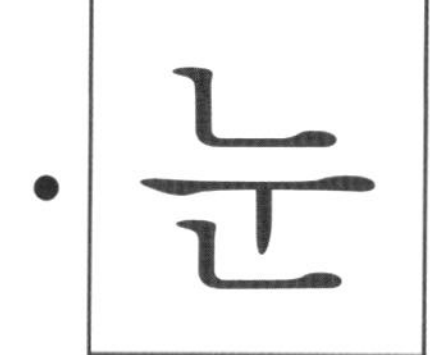

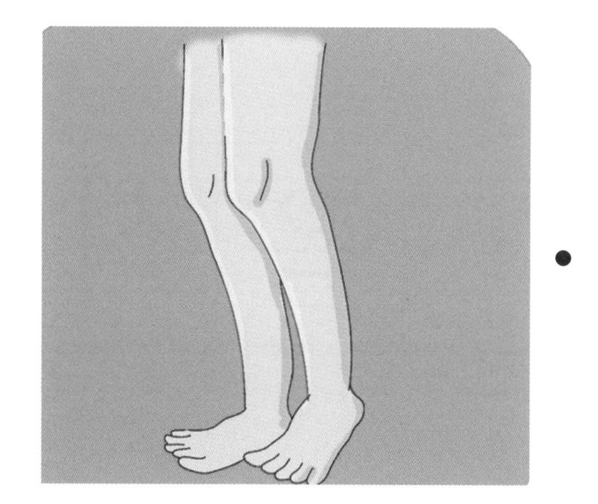

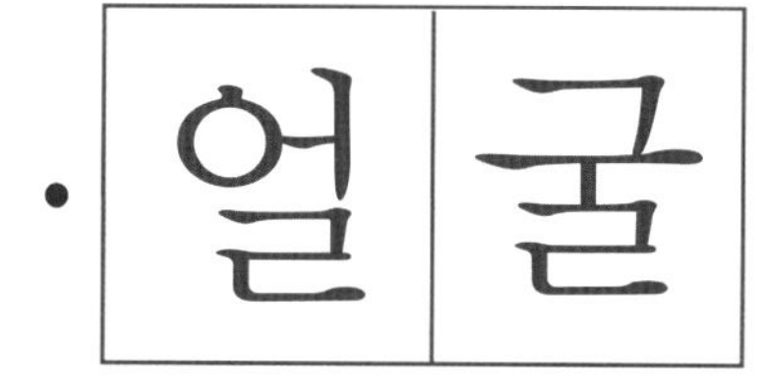

코

다음의 우리몸에 알맞은 낱말과 선으로 연결하세요.

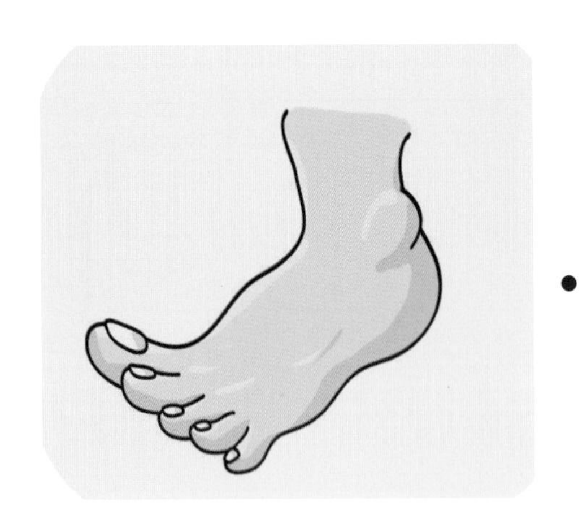

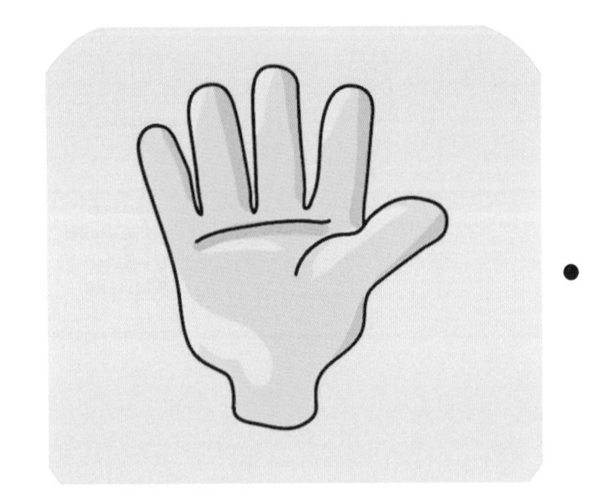

음식

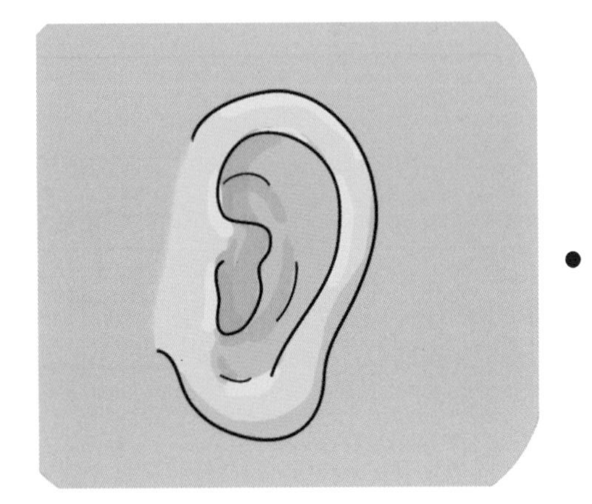

소리

☆ 서로 맞은 것끼리 선으로 연결하세요.

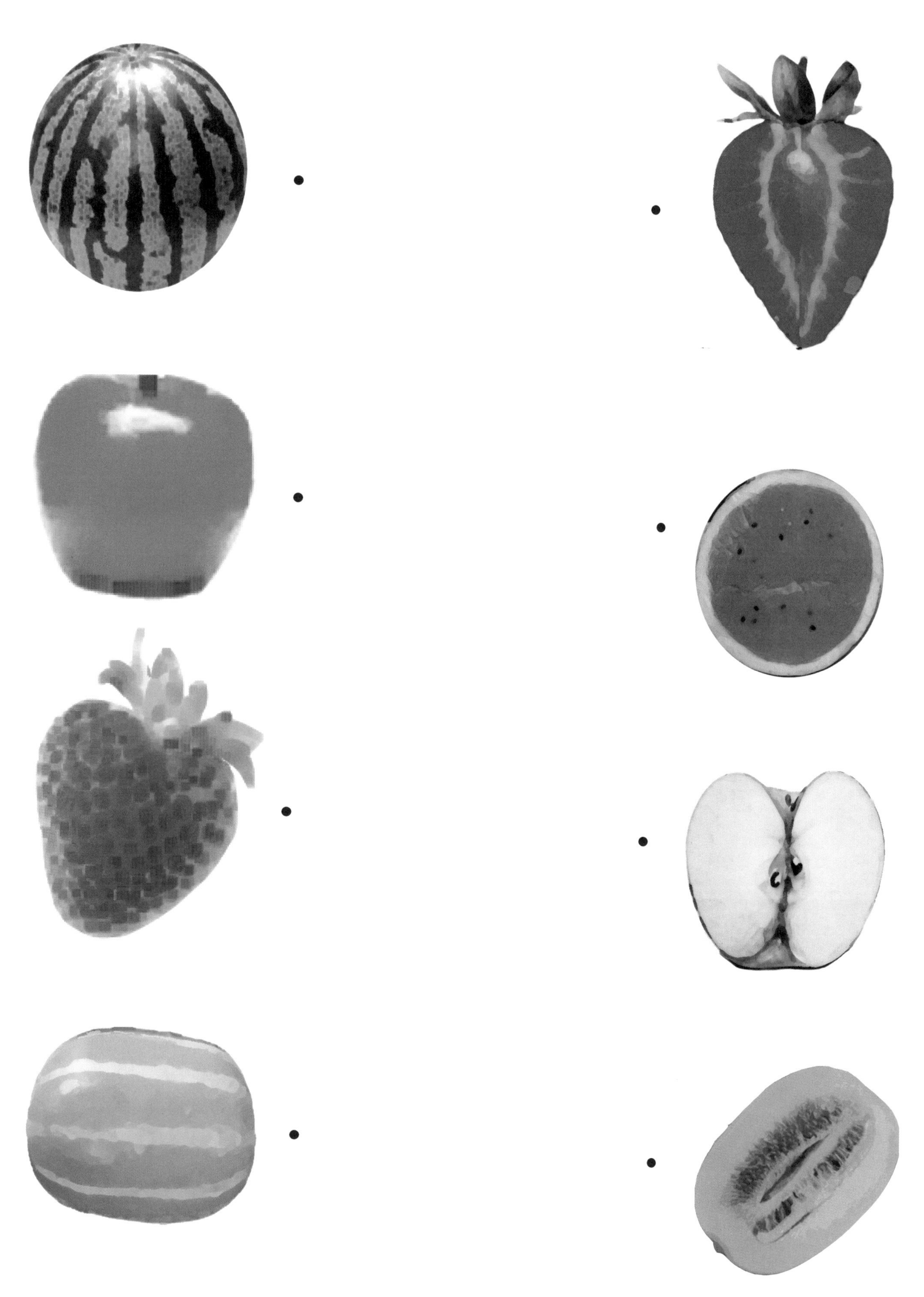

☆ 같은 글자가 들어간 낱말끼리 선으로 연결해 보세요.

누 나

미나리

두루미

나 비

만 두

두 부

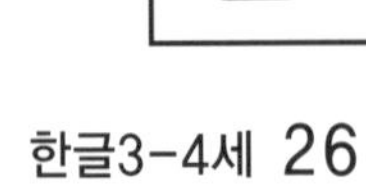

☆ 같은 글자가 들어간 낱말끼리 선으로 연결해 보세요.

공 책

비 누

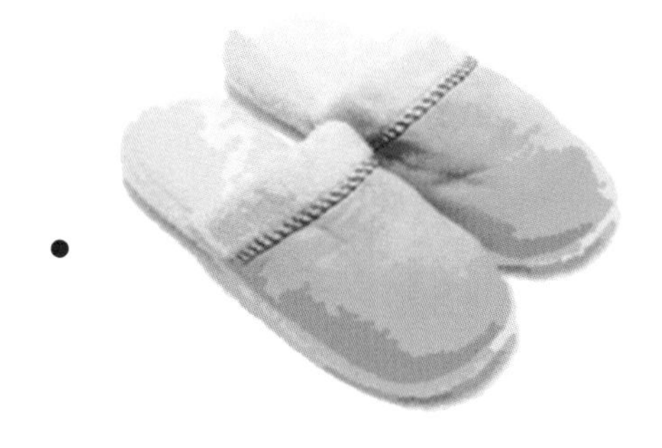

교 실

실내화

도깨비

책 상

'리' 자가 붙은 낱말을 따라 엄마에게로 가 보세요.

☆ 아래 낱말을 천천히 읽어 보세요.

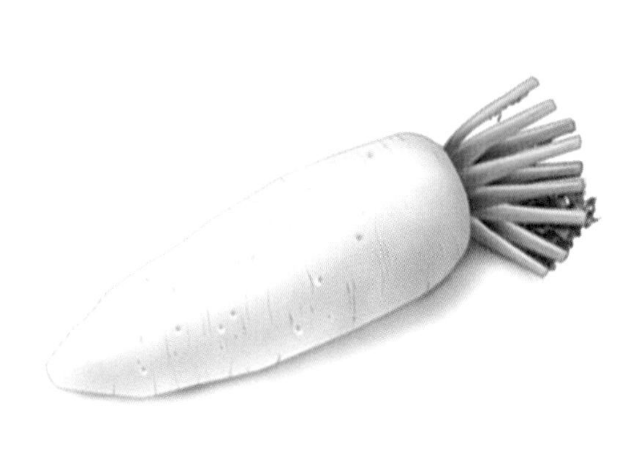

무

아	기

사	자

소	쿠	리

'ㅁ, ㅂ, ㅅ, ㅇ'을 찾아 보세요.

☆ 낱말을 읽고 'ㅁ, ㅂ, ㅅ, ㅇ' 자를 바로 써 보세요.

ㅁ	ㅁ
ㅂ	ㅂ

마	늘

버	섯

ㅅ	ㅅ
ㅇ	ㅇ

사	슴

우	산

'마, 바, 사' 로 시작하는 낱말에 ㅇ표를 해 보세요.

바나나 □

바지 □

마늘 □

사탕 □

☆ '바,사,아' 로 시작하는 낱말에 ㅇ표를 하세요.

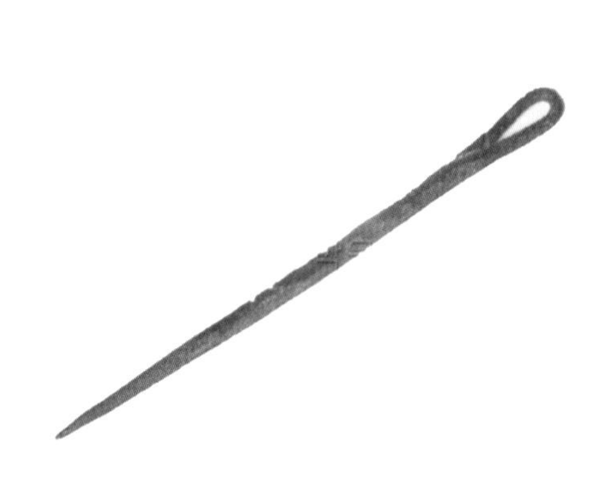

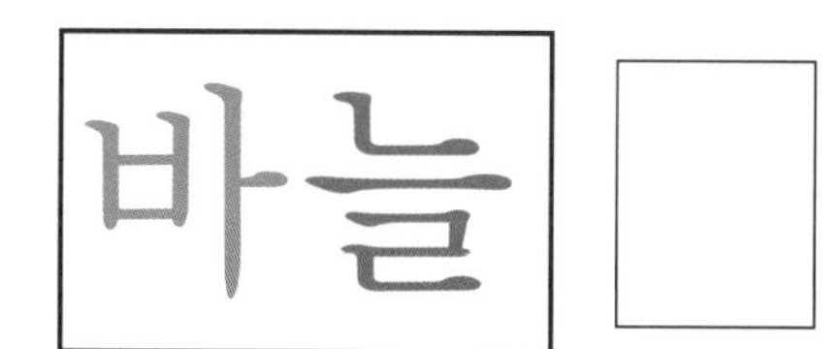

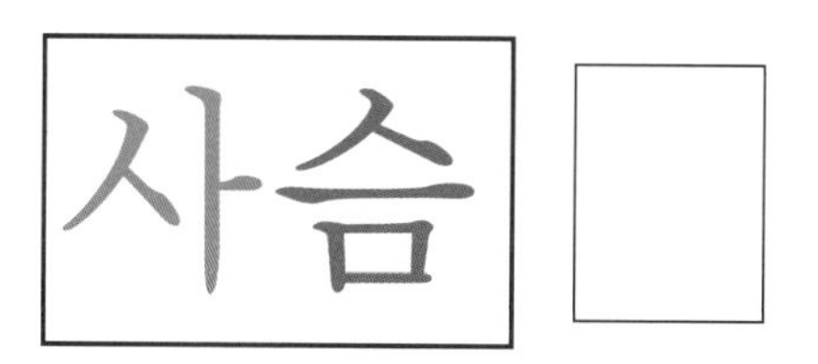

아기

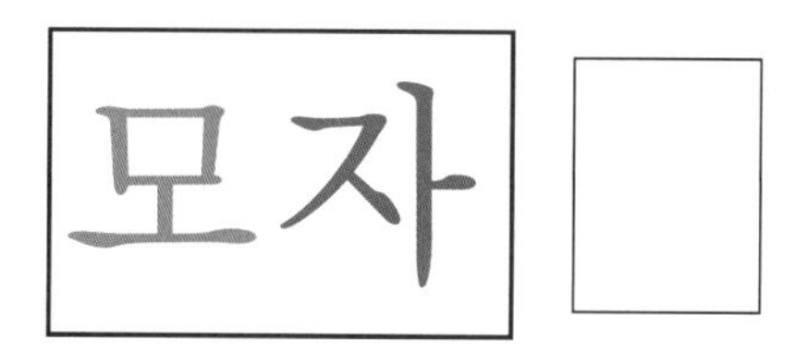

아래 동물이 좋아하는 먹이는 무엇일까요. 선으로 연결해 보세요.

☆ '리' 자가 들어간 낱말입니다. 천천히 읽어 보세요.

다	리

유	리

도	토	리

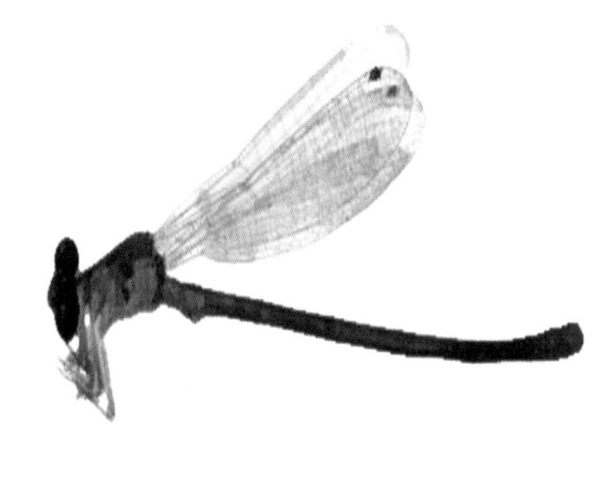

잠	자	리

오늘은 영희의 생일입니다
아빠
엄마
동생
케익

알맞은 그림과 글을 서로 연결해 보세요.

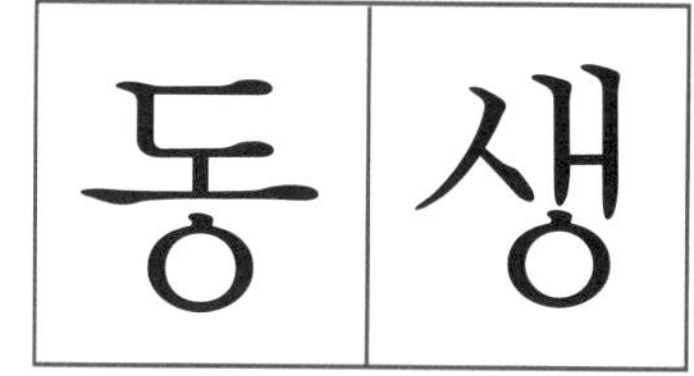

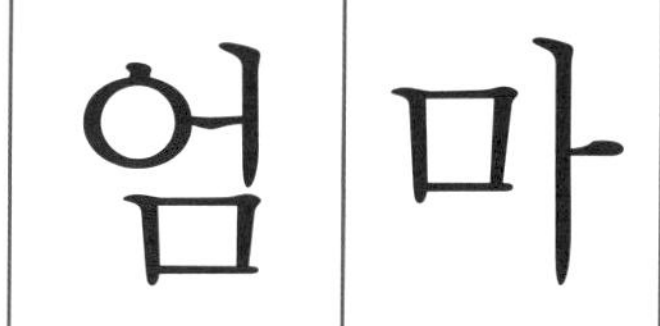

케익

봄입니다. 무엇이 보이나요
개나리
나비
개구리
연못
진달래

낱말을 따라 읽어 보세요.

개	나	리

봄

개	구	리

진	달	래

다음 글자를 보기와 같은 낱말이 되게 선으로 연결하세요.

'자, 차, 카, 타' 가 들어간 낱말을 따라 읽어 보세요.

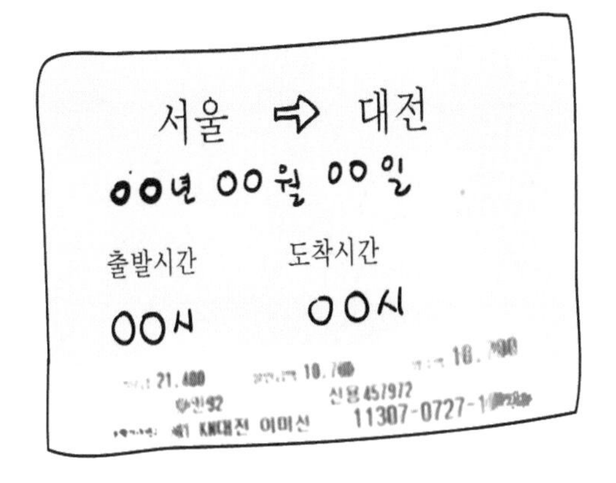

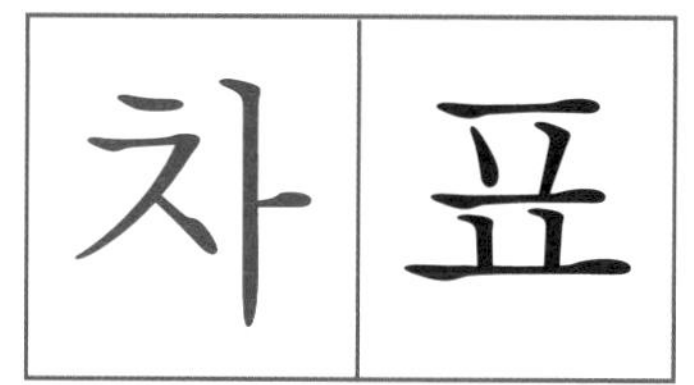

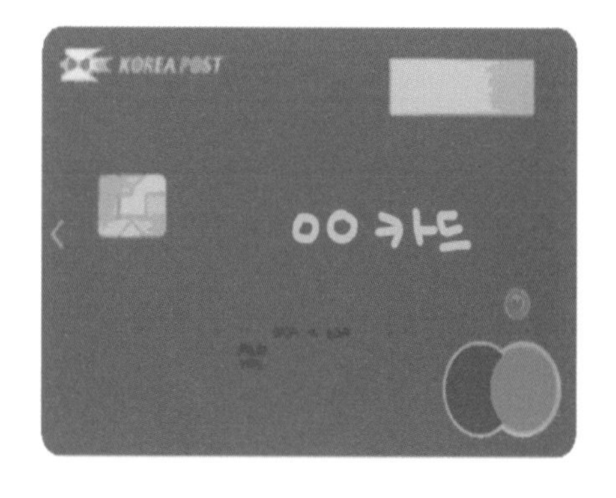

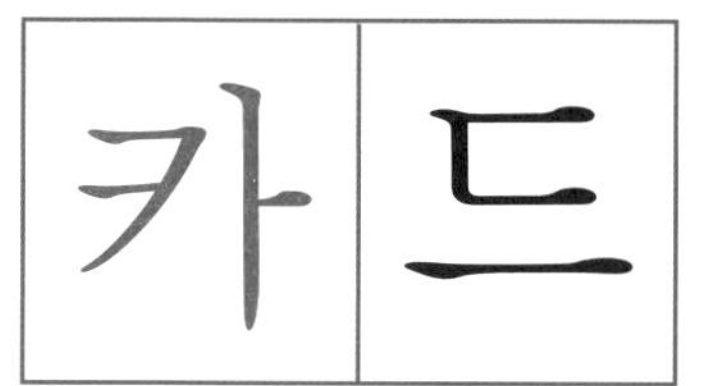

타올

‘ㅈ,ㅊ,ㅌ,ㅋ’을 찾아 보세요.

낱말을 읽고 'ㅈ, ㅊ, ㅋ, ㅌ' 자를 바로 써 보세요.

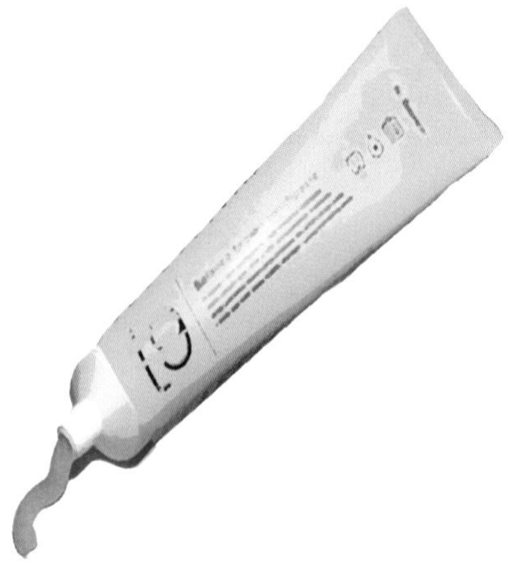

ㅈ	ㅈ
ㅊ	ㅊ

장	갑

치	약

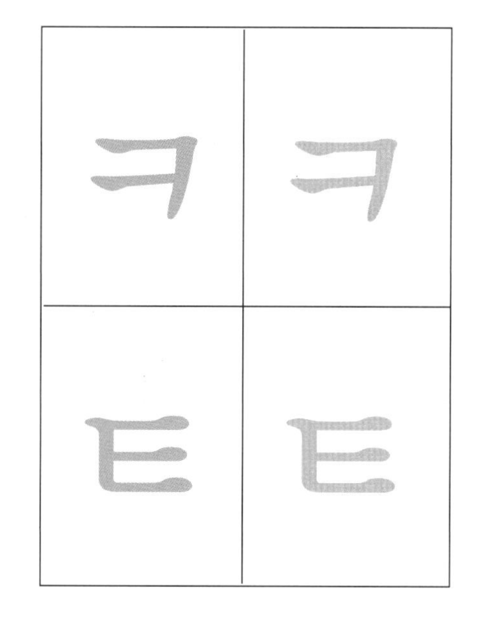

초	코	렛

타	올

'자, 치, 키, 타' 가 들어간 낱말에 ㅇ표를 해 보세요.

우산

초코렛

치즈

커텐

치마

여름입니다. 무엇이 보이나요

 낱말을 따라 읽어 보세요.

바 다

튜 브

파 라 솔

가을입니다. 무엇이 보이나요
감나무
곶감
고추
마당

☆ 낱말을 예쁘게 따라 써 보세요.

감	나	무

곶	감

잠	자	리

고	추

겨울입니다. 무엇이 보이나요
귀마개
썰매
털모자
눈사람

낱말을 읽어 보세요.

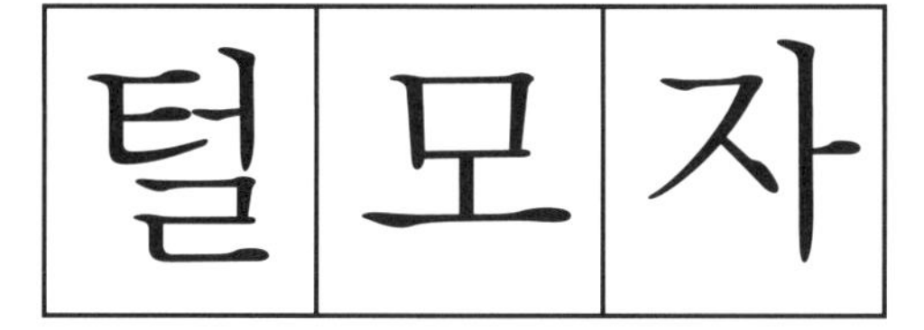

썰매

귀마개

눈사람

다음 글자를 보기와 같은 낱말이 되게 선으로 연결하세요.

파리 하마

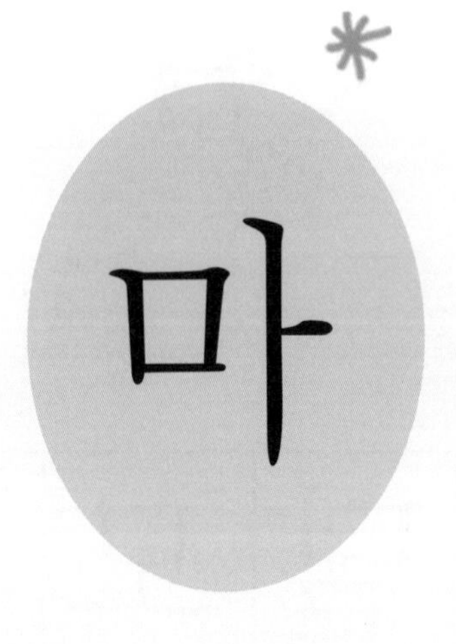

'파,하' 가 들어간 낱말을 읽어 보세요.

하	늘

포	도

하	마

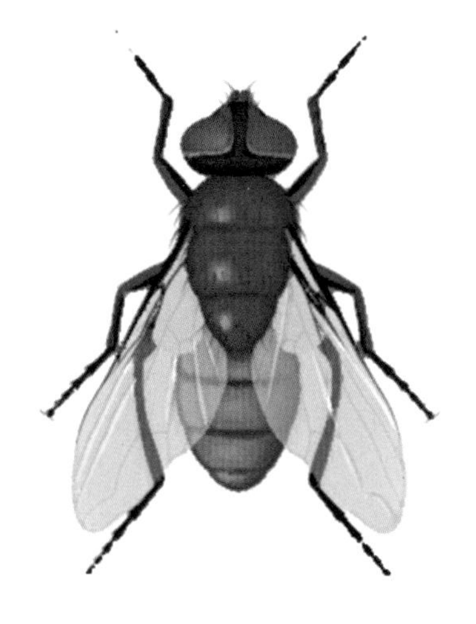

파	리

★ 'ㅍ, ㅎ'을 찾아 보세요.

낱말을 읽고 'ㅍ, ㅎ' 자를 바로 써 보세요.

엄마가 들려주는
소금을 만드는 맷돌
옛날에 한 임금님이 있었는데, 뭐든지 나와라 하면 나오는 맷돌을 가지고 있다는 소문이 돌았어요. 이 소문을 들은 도둑이 몰래 궁궐에 들어가 이 맷돌을 훔쳐 가지고 왔어요.

도둑은 이 맷돌을 가지고 먼 바다로 나가 맷돌이 정말 무엇이든 나오나 보려고 ‘소금 나와라’ 하니 소금이 쏟아져 나와 금방 배에 넘쳐 배가 가라앉고 말았습니다.

낱말을 따라 읽어 보세요.

임금님

도둑

궁궐

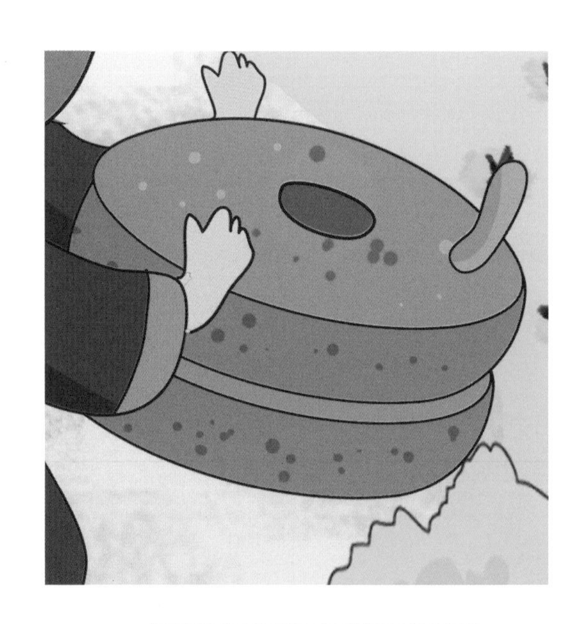

맷돌

 낱말을 따라 읽어 보세요.

부	자

바	다

옛	날

소	금

엄마가 들려주는
욕심 많은 강아지
강아지 한 마리가 고기를 물고 통나무 다리를 건너다 다리밑에 개 한 마리가 커다란 고기를 물고 있는 것을 보았어요.

욕심이 생긴 개는 그
고기를 뺏으려고 짖는
순간 물고 있던 고기
를 물 속에 떨어뜨리
고 말았어요.

낱말을 따라 읽어 보세요.

시	골

강	아	지

고	기

통	나	무

시	골	길

건	너	다

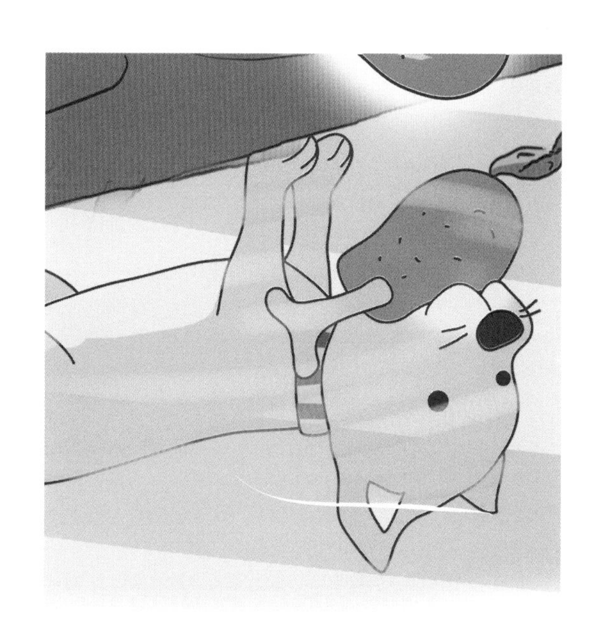

욕	심

개	울	물

즐겁다한글 3~4세

초판 1쇄 발행 2021년 12월 10일

글 Y&M 어학 연구소

펴낸이 서영희 | **펴낸곳** 와이 앤 엠

편집 임명아 | **책임교정** 하연정

본문인쇄 명성 인쇄 | **제책** 정화 제책

제작 이윤식 | **마케팅** 강성태

주소 120-848 서울시 서대문구 홍은동 376-28

전화 (02)308-3891 | **Fax** (02)308-3892

E-mail yam3891@naver.com

등록 2007년 8월 29일 제312-2007-000040호

ISBN 979-11-9712656-7 63710

본사는 출판물 윤리강령을 준수합니다.